AF563183

# UN MOT
# SUR LE BUDJET DE 1817,

ET

## MOYEN FACILE PROPOSÉ

POUR l'acquit intégral de la dette aux Puissances alliées, pendant le cours des années 1817, 1818, 1819 et 1820,

PAR PRISSETTE FILS,

AVOCAT, ET ANCIEN COMPTABLE DU TRÉSOR PUBLIC.

A PARIS,

CHEZ DEBRAY, LIBRAIRE, au Cabinet littéraire, rue Montmartre, n°. 84,

Et chez tous les MARCHANDS DE NOUVEAUTÉS.

1816.

procédés lents et toujours incertains de la médecine, même de la plus éclairée, seraient insuffisans pour en triompher. Des opérations chirurgicales, hardies sans témérité, peuvent seules nous promettre un salut certain.

Le malheureux, atteint de la gangrène au petit doigt, se fait couper le bras et n'appelle pas à son secours son jeune enfant, pour lui proposer de prendre une partie des maux sous lesquels il est près de succomber. Il sait trop que le moindre germe pestilentiel le soumettrait à toute la maligne influence du terrible fléau.

C'est donc à tort que les auteurs du nouveau budjet proposent un timide topique, pour une plaie incurable par des linitifs dont l'onction annonce l'inefficacité.

Notre vie sociale est menacée. C'est donc à tort que les gens de l'art, auxquels le chef de l'Etat a confié le soin de la cure, nient avoir le droit d'exiger le sacrifice d'un des membres du corps politique, celui d'une partie de nos fortunes, pour parvenir à arracher le reste de ce corps à des convulsions qui, pour être plus ou moins éloignées, n'en sont pas moins évidentes et nous annoncent pour terme d'une agonie longue et pénible une mort certaine.

On nous cite l'exemple de Louis XIV. Si, sous son règne, on n'avait pas rejeté sur l'avenir les fautes du présent, l'infortuné Louis XVI, dont les intentions étaient si pures, serait encore assis sur son trône pacifique. On le nierait en vain : l'épuisement des finances, le refus obstiné de la noblesse, du clergé et des derniers parlemens, de se joindre au reste de la nation pour combler un déficit, qui déjà semblait d'une masse effrayante, ont fait la révolution. Si nous avons péché, pourquoi vouloir rejeter sur des innocens la peine de nos fautes?

« Nos enfans, devant jouir de la délivrance que » nous achetons, ne nous reprocheront pas de leur » avoir légué le plus léger de nos sacrifices, le paie- » ment d'intérêts dont nous aurons payés les capi- » taux. » J'en demande pardon à Son Excellence, mais cette phrase éclatante ne me semble contenir qu'un paradoxe. Si nous payons les capitaux, nos enfans n'auront pas d'intérêts à servir. Autrement, certains de leurs aïeux, ou peut-être des étrangers, nos contemporains, leur auront prêté des sommes dont ils seront débiteurs et dont ils ne cesseront de payer les intérêts qu'en remboursant les capitaux.

Je trouve la preuve de cette opinion, dans ce que dit ensuite M. le Ministre des finances : « Nous ne » dissimulons donc point que, dans les quatre années » qui nous séparent du 1er. janvier 1821, nous pour- » rons avoir à faire aux capitaux libres de la France » et de l'Europe un appel de 7 à 800 millions, et » nous constituer débiteurs d'une quantité propor- » tionnelle d'intérêts. » Quoique je croie comprendre parfaitement ce que veut faire entendre M. de Cor- vetto, il me semble que chaque fois que l'on se cons- titue débiteur d'un intérêt quelconque, on se constitue également, et à plus forte raison, débiteur du capital de cet intérêt; à moins de se dire *in petto*, je ne rembourserai jamais ce capital, ce qui est aussi loin de la pensée du Ministre, que de celle du Souverain qu'il représente et que je suis loin, moi-même, de le vouloir insinuer.

Le nouveau système est celui de l'Angleterre qui, avant trente ans, sera écrasée sous l'immensité de sa dette, et sous le poids du nouveau colosse qui s'élève comme spontanément, et dont la destinée est de dévorer sa mère.

Je n'ignore pas que des calculs mathématiques établissent qu'il faut moins de la moitié de ce temps à l'Angleterre, *avec la paix générale de l'Europe*, pour acquitter les 7 à 8 milliards qui composent sa dette, et qu'il en faudrait moins à la France, eu égard au total bien moindre de son passif, et à la quantité de ses ressources sans cesse renaissantes, si l'on ne les épuise point en voulant en user avant leur maturité. Mais qui peut répondre au système d'amortissement de la durée de cette paix générale, sans laquelle il ne peut rien? Un souverain de plus ou de moins en Europe, et quelqu'incident bien moins important, ne peut-il pas troubler cette harmonie, si desirable d'ailleurs? Le moindre petit brouillard sur l'horizon politique ne dérangera-t-il pas l'économie de ce système, de manière à perdre en peu de mois le fruit du travail de plusieurs années, chacun devant en ce cas prendre une attitude formidable, ne fût-ce que pour se faire respecter d'un voisin turbulent? La paix règne entre la coalition et par la coalition; mais il n'est depuis l'existence connue du monde d'exemple de bonne intelligence entre des alliés, d'une durée de dix ans que dans la fabuleuse guerre de Troye. Je ne desire point la guerre, et n'ai point la prétention de jouer le rôle de prophète de malheur; mais qui peut nous assurer que l'union parfaite entre les princes coalisés passera ce terme; au seul doute d'une rupture, que devient le système d'amortissement?

Ce ne sont pas des phrases sonores, mais de l'argent et *beaucoup d'argent* qu'il faut à la France pour acquitter à l'ennemi la somme énorme que l'on s'est engagé, dans un moment bien difficile à la vérité, mais peut-être sans avoir consulté nos forces, à lui payer dans le trop court laps de cinq années, en le nantissant de nos places fortes pour gage de sa créance.

Je desire bien sincèrement, si l'on peut croire sauver ainsi la France, que les huit cent millions dont nous avons besoin d'ici au 1er. janvier 1821, arrivent dans les coffres de l'Etat par la voie d'un emprunt volontaire. Mais le cœur des grands capitalistes a rarement des oreilles! et, s'il en a, il fut de tout temps bien difficile de s'en faire entendre, à moins de lui offrir l'appât de bénéfices toujours ruineux pour ceux qui invoquent son secours. Tôt ou tard il faudra que la contrainte leur arrache ce que la *Patrie* demande à leur *patriotisme!* Mais ces mots sont encore à inscrire *dans les dictionnaires financiers français*.

Ce qu'il faudra faire dans six mois, dans un

an ou deux tout au plus, ne vaudrait-il pas mieux l'exécuter sur-le-champ? Rien de plus ruineux que des intérêts. Le commerce en fourmille d'exemples. Tel négociant gêné assemble ses créanciers, leur présente un bilan où l'actif égale encore le passif; il ne demande que du temps et paiera les intérêts des capitaux qu'il ne peut rendre; des années se passent, une partie de son avoir s'est épuisée à servir des intérêts; il appelle de nouveau ses créanciers, et, malgré la meilleure foi, il ne peut plus leur donner que le cinquante pour cent de leurs créances.

Chez quel publiciste a-t-on puisé le principe qu'un Gouvernement, et sur-tout un Gouvernement constitutionnel, ne peut et ne doit, dans des circonstances aussi impérieuses que celles où nous nous trouvons, exiger la totalité des secours qui sont indispensables, non-seulement à sa marche, mais même à son salut, sinon des ressources que le seul crédit peut offrir?

« Lui seul peut suppléer à l'insuffisance de l'impôt » par la confiance et l'attrait d'un intérêt légitime, » les capitaux que nous n'avons ni le droit ni le » pouvoir d'exiger. » Comment! l'Etat menace ruine, et vous n'avez ni le droit ni le pouvoir d'exiger que ceux qui le composent, au prix de tous les sacrifices qui leur sont possibles, vous aident à le sauver, ce qui n'est autre chose que les sauver eux-mêmes! Je l'avoue, ma faible intelligence se refuse à ce raisonnement.

Monarque, Chambres, Ministres, demandez à ceux qui ont, mais seulement à ceux-là; celui qui ne possède rien ne peut rien vous donner, à moins de se jeter dans un labyrinte de dettes dont il ne sortira jamais. Et pourtant, dans le système du jour, c'est à lui que l'on demande le plus! Demandez, dis-je, au véritable riche une partie considérable de son revenu, et sauvez la France! L'univers et la postérité la plus reculée vous béniront.

Je sais que ceux qui prétendent que l'on ne peut être *bon Français* ( et Dieu sait si je voudrais l'être à leur manière ! ) à moins d'être ou grand terrein ou puissant capitaliste, vont me prodiguer les épithètes de nouveau prédicateur de la loi agraire, lorsque je ne leur demande qu'une portion de leur revenu indispensable aux besoins impérieux de la chose publique; d'apôtre des fédérés et autres qualifications de cette catégorie, quand je ne leur prêche qu'un sacrifice pénible à la vérité, mais qui n'est rien en raison de ce qu'exige d'eux leur infaillible oracle.

M. de Châteaubriand dit dans sa trop fameuse brochure *De la Monarchie selon la Charte*, chap. 86, page 119, de la deuxième édition :

« Tenez fidèlement vos traités; payez ce que vous » devez, donnez s'il le faut votre dernier écu; ven- » dez votre dernier morceau de terre, la dernière » dépouille de vos enfans pour payer les dettes de » l'Etat; le reste est à vous; vous êtes nus, mais vous » êtes libres. »

Chacun sait que de telles phrases coûtent peu. On les tolère parce qu'elles sont vagues; il n'en sera pas ainsi de ma proposition, elle est trop directe pour ne pas être traitée d'hérésie criminelle en finance.

Revenons au rapport sur le budjet.

Les impôts se paient, y est-il dit, parce que dans chaque contribuable on voit un bon Français! Certes ce motif suffira toujours, même pour le peuple, cette classe si nombreuse et si souvent outragée par l'opulence pour presser l'acquit de la dette à l'Etat, autant que ce qu'on lui demande est en raison de ses facultés. Mais sans attirer l'œil du Ministre orateur sous le chaume de nos campagnes, qu'il pénètre sous les toits de la capitale et s'arrête même avant d'arriver à ses greniers, et qu'il s'assure, en voyant la nourriture et les haillons d'êtres aussi infortunés que laborieux, si le patriotisme seul a pu produire l'acquit de l'impôt! Il serait aussi facile qu'inutile de révéler à M. de Corvetto le pourquoi et le comment les contributions énormes, qui pèsent sur la classe malheureuse, parviennent enfin, mais non sans être arrosées de larmes bien amères, dans les coffres du trésor.

Ce n'est pas sans un scrupule religieux que j'ose attaquer la composition du budjet de 1817, et discuter les ressources proposées pour couvrir les dépenses; mais, sous l'égide de la Charte, j'ai pensé que tout Français doit publier les idées qu'il juge salutaires à l'Etat. S'il se trompe, on ne peut lui imputer à crime la plus sainte intention. Tout sujet d'une monarchie constitutionnelle est un citoyen qui doit compte à sa patrie de ses pensées comme de ses actions. Taire une de ces pensées qu'il croirait utile serait l'exposer à l'éternel reproche de sa conscience. Ce remords possible pourrait-il être mis en balance avec les désagrémens auxquels sa franchise l'expose indubitablement ? Non, sans doute. Entrons donc dans la lice. Si je succombe, comme tout doit le faire supposer, les faibles devront me savoir gré d'avoir défendu leur cause, et je dirai à tout autre avec *le bon homme :*

Et si de t'agréer je n'emporte le prix,
J'aurai du moins l'honneur de l'avoir entrepris.

Lorsque l'on a des charges telles que les nôtres, était-ce le moment d'ajouter pour 1817 aux dépenses déjà si énormes de 1816, lorsqu'on nous parle sans cesse d'économies? Beaucoup de Français et *de bons Français* se réuniront à l'avis contraire.

Le nouveau budjet semble tourmenté dans tous les sens pour faire peser sur la classe infortunée, et pendant quatre ans (car le budjet de 1817 doit servir de type à celui des trois années qui suivront), la presque totalité de l'addition à l'impôt sous lequel ses forces succombent déjà. Il paraîtrait, toutefois qu'il eût été facile de trouver un moyen de la plus grande simplicité, comme de la justice distributive la plus exacte, de fournir au Gouvernement de quoi faire honneur à ses engagemens, en exécutant avec fidélité les traités que la nécessité (à qui rien ne résiste) l'a contraint de souscrire. Son produit, ajouté à celui des contributions antérieures à 1814, aurait donné, outre l'acquit de la dette à l'ennemi, de quoi entretenir les différens rouages de la machine politique, et acquitter les rentes, pensions, etc., dette non moins sacrée que la créance des alliés. Les dépenses de la guerre et de l'intérieur en 1817, devaient considérablement diminuer, l'armée et le territoire à régir n'étant plus, à d'énormes différences près, ce qu'ils étaient avant 1814. La France ne s'étend plus d'Amsterdam à Rome, et cette armée de plus d'un demi-million d'hommes, n'en compte plus que quelques milliers.

Tous doivent leurs secours à l'État, personne ne révoque en doute cette vérité de tous le temps comme de tous les pays; mais chacun, selon toutes ses forces et ses facultés de toute espèce, et non pas d'après une égale proportion mathématique. Cette proportion qui, dans les temps ordinaires, semble offrir le principe d'équité le plus exact, n'a plus rien que de paradoxal dans les momens d'urgence; puisque *tel* en donnant la moitié et jusqu'aux sept huitièmes de son avoir, ne donne presque rien en raison de ce que *tel* autre donnera par un seul huitième du sien; et que mille réunis, prenant sur leurs besoins les plus impérieux la quotité d'une taxe faible en apparence, ne donneront pas autant que dix, se privant d'une partie seulement d'un superflu, reste de leurs caprices satisfaits, et du résidu d'un luxe révoltant, quand la Patrie est à deux doigts de sa perte. Si l'on me répond que ce luxe est indispensable à la prospérité du commerce, ma réplique est prête.

C'est donc d'après une progression arithmétique

successive que, dans les momens de crise, chaque citoyen d'un état libre doit venir l'aider dans ses besoins urgens. D'après ce principe, celui qui donnera le plus, sera encore celui qui s'en apercevra le moins au temps des privations, et auquel il restera davantage, quand celui des sacrifices aura passé.

C'est d'après ces idées que l'on rejeterait tout emprunt si j'en étais cru, parce que ce système ne fait qu'éloigner l'instant des convulsions, qui nécessairement doit toujours se représenter, lorsque celui de rendre sera arrivé. Un don, dût-il être rendu obligatoire par une loi constitutionnelle, me semblerait devoir parer à cet inconvénient, comme à ceux sans nombre que tout emprunt entraîne après soi. Si, par exemple, l'emprunt proposé réussit et n'obtient que des capitaux français, qu'arrivera-t-il? que le Gouvernement aura retiré des mains des particuliers la presque totalité du numéraire en circulation et en aura payé l'étranger. Il faudra cependant une monnaie au commerce qui ne peut plus se faire par échanges. On nous citera alors l'exemple de tous nos voisins, dont la presque totalité, avant leur entrée en France, avaient perdu jusqu'à l'habitude de toutes espèces d'or et d'argent. Mais quel papier peut inspirer de la confiance aux Français après la double épreuve de celui de Law et des assignats?

Voici enfin la manière dont je proposerais de libérer la France, et j'ose assurer qu'elle n'aura rien de chimérique et d'impraticable pour ceux qui, de bonne foi, veulent le salut de la patrie.

Je proposerais donc, pour entrevoir une issue au dédale financier dans lequel nous sommes tombés, qu'un décret émané des trois branches réunies de notre gouvernement représentatif demandât à chacun des riches de la France, et je ne regarde comme tel que celui qui jouit de 25 mille livres de rente au moins, un sacrifice en raison progressive de sa fortune. Cette mesure ne paraîtra d'une exécution impossible qu'à ceux dont elle froissera les intérêts.

Je voudrois donc que ce décret exigeât chaque année jusqu'au premier janvier 1821 exclusivement, ou jusqu'à l'époque plus rapprochée de l'acquit de la dette aux étrangers qui s'opérerait par ce moyen avec plus de célérité qu'il ne semble permis de l'espérer :

Au propriétaire de 25,000, à 49,999 fr. inclusivement de rentes, le cinquième de son revenu ;

Le quart à celui qui possède de 50,000 à 99,999 fr. inclus aussi de rentes ;

A celui qui a de 100,000 à 149,999 fr. aussi inclus le tiers ;

La moitié à celui qui a de 150,000 à 199,999 fr. inclus.

Les trois cinquièmes à celui qui possède de 200,000 à 250,000 fr., toujours de rentes, et ainsi de suite progressivement.

Il resterait vingt mille livres de rente à celui qui en à 25 mille ; 37,500 à celui qui en a 50 ; 66,666 fr. 66 cent. deux tiers à celui qui a cent mille fr. ; 75,000 à celui qui a joui de 150,000 fr. ; et 80,000 au propriétaire de deux cent mille francs de rente, libres de tout impôt direct.

Pour éviter toute confusion dans la confection des rôles de la contribution foncière, mobilière et personnelle, ceux qui seraient atteints par le décret, y seraient portés comme tout autre citoyen; mais le montant de leur cote leur serait passé en compte sur la somme à eux assignée dans l'impôt des principaux riches, sur la représentation de leurs quittances des contributions foncière, personnelle et mobilière ordinaires.

Quant aux capitalistes à porte-feuille, la manière dont ils ont été compris dans l'impôt de 100,000,000 de francs a prouvé que l'on pouvait arriver jusqu'à eux. Je voudrais, si j'avais l'honneur de faire partie du Gouvernement, qu'ils vinssent au secours de la chose publique, et dans les mêmes proportions de fortune.

Ces capitalistes ne tireraient aucun lucre de leurs fonds s'ils ne les jetaient directement ou indirectement dans le commerce : il faut donc que l'on les y trouve. Rarement la commune renommée trompe : l'exemple que je viens de citer ne peut que corroborer cette maxime; et ce moyen, eût-il quelqu'inconvénient, il ne faudrait pas moins s'en servir. Le salut de la fraction ne doit jamais être du même intérêt que celui de l'unité. Il en pourrait résulter d'ailleurs un grand bien : celui de conserver au sol sa valeur actuelle, ce qui est conserver les revenus de l'Etat; il ajouterait peut être même à cette valeur, quant aux chances de dangers qu'offre le porte-feuille (et qu'il serait trop long d'énumérer); certains égoïstes voyant qu'il ne les exempte plus de supporter leur part des charges de l'Etat. Ce moyen offrirait encore un avantage, celui de remettre une quantité considérable de propriétés dans le commerce. Leur passage dans diverses mains ajouterait considérablement aux sommes que rend l'enregistrement, etc., etc., etc.

Les mesures que je propose sont loin de la rigueur de celles qui furent prises lors de la consolidation de la dette.

Chaque propriétaire de rentes, ainsi que les pensionnaires de l'Etat, en perdant les deux tiers des intérêts qui devaient lui être payés jusqu'au remboursement de son capital, a perdu aussi les deux tiers de ce même capital, pour obtenir de voir le tiers restant consolidé.

Je ne qualifierai pas cette opération du nom qui lui fût généralement donnée et qu'elle mérite. Elle n'atteignit que les fortunes les plus minces, conséquemment les plus nombreuses, et réduisit une multitude de familles à la mendicité. Le projet que je soumets n'est autre chose qu'un impôt extraordinaire qui n'offre rien de désastreux dans son exécution, et nous préserve du fléau d'une nouvelle consolidation.

## *CONCLUSION.*

La voie que je propose ferait, j'en conviens, disparaître un entremets et une assiette de dessert de la table du riche, un domestique de son antichambre, quelques chevaux de luxe de ses écuries, (que le budjet se garde bien d'atteindre, quoique son impôt sur les voitures publiques doive forcer d'aller à pied celui à qui les moyens ne permettent ni équipage ni chevaux de poste), diminuerait les meutes de son chenil et lui causerait quelques autres privations tout aussi *cruelles* ; mais il remettrait dans la main de l'enfant du pauvre le morceau de pain qu'il est obligé de lui refuser pour acquitter l'impôt personnel et mobilier, celui des portes et fenêtres, celui des patentes. L'infortuné par ce moyen reprendrait sa part des impôts indirects, comme consommateur. S'il est encore surchargé de nouveau, il ne pourra qu'avec beaucoup de peine avoir un pain grossier pour lui et sa famille, ne consommera plus ni viande, ni vin, ni bière, ni tabac; il se refusera jusqu'au sel; celui des larmes, dont il arrosera sans cesse son unique aliment, suffira pour lui ôter son insipidité.

Qu'il serait beau de voir la classe riche de la France, partageant les privations *réelles* des petits propriétaires et de tous ses frères infortunés venir réellement au secours *de la Patrie et du Roi*, et non du *Roi et de la Patrie* comme disent certains.

La crainte de paraître exagéré m'a fait demander les mêmes sacrifices pendant quatre ans, et cependant il serait facile de prouver, par un calcul d'une fidélité irrécusable, que le sacrifice de deux années suffirait et au-delà au paiement des 800 millions qui paraissent indipensables pour obtenir que l'étranger se retire de notre France. Si ma théorie est attaquée, je me réserve de démontrer jusqu'à l'évidence cette vérité de fait.

Qu'il serait beau de voir la chambre des Pairs composée de tout ce qu'il y a de plus illustre comme de plus riche dans l'état, et après elle la chambre des députés, où se réunit l'élite des grands propriétaires négocians et manucfacturiers du royaume, donner l'exemple du dévouement à leur pays, et prouver à l'Europe que les grands terreins comme les capitalistes sont *français*, et veulent véritablement pour souverains les descendans de leurs anciens rois ; de quelle gloire la chambre des députés ne se couvrirait-elle pas en défendant réellement les intérêts de ses mandataires au préjudice des siens propres ! Alors le peuple ne pourrait plus penser qu'il lui est plus onéreux que profitable d'être représenté par des grands terreins ; alors la patrie serait sauvée et en devrait ses actions de graces à son gouvernement représentatif et à ceux qui l'auraient aidé de leurs grandes fortunes.



---

DE L'IMPRIMERIE DE RENAUDIÈRE,
RUE DES PROUVAIRES, N°. 16.

www.ingramcontent.com/pod-product-compliance
Lightning Source LLC
LaVergne TN
LVHW010312230826
846091LV00007B/3118

*9782011772565*